PÉTITION

RELATIVE A

UNE CONSTITUTION POLITIQUE

ADRESSÉE A L'ASSEMBLÉE NATIONALE

PAR

M. RENUCCI

Capitaine en retraite.

PARIS

F. DENTU, LIBRAIRE-ÉDITEUR

PALAIS-ROYAL, 17-19, GALERIE D'ORLÉANS

———

1872

PÉTITION

RELATIVE A

UNE CONSTITUTION POLITIQUE

ADRESSÉE A L'ASSEMBLÉE NATIONALE

PAR

M. RENUCCI

Capitaine en retraite.

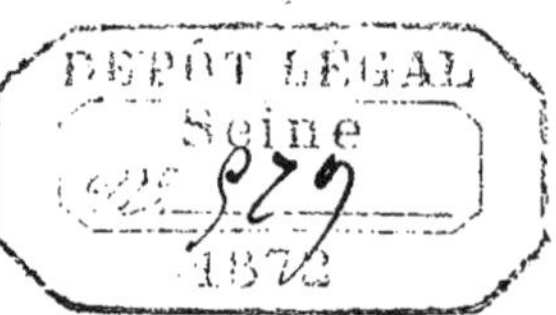

PARIS

F. DENTU, LIBRAIRE-ÉDITEUR

PALAIS-ROYAL, 17-19, GALERIE D'ORLÉANS

1872

Tous droits réservés.

*Le soussigné émet le vœu que l'Assemblée natio-
nale veuille bien prendre en considération le projet
de Constitution politique ci-après :*

RENUCCI

Capitaine en retraite.

Paris, le 27 janvier 1827.

PROJET

D'UNE CONSTITUTION POLITIQUE

TITRE I.

Principe de la constitution politique de la France.

ARTICLE 1ᵉʳ. — La constitution politique de la France est basée sur l'application intégrale et sincère du principe de la souveraineté sociale.

TITRE II.

Signification du principe de la souveraineté sociale.

ART. 2. — Le principe de la souveraineté sociale affirme que la société est, de droit naturel, imprescriptible, inaliénable, maîtresse de ses destinées à chaque instant et en toute circonstance, et que nul, — individu, famille, classe particulière, — ne peut un seul moment, sans violence criminelle, se mettre au-dessus d'elle et lui dicter des lois, soit en vertu d'un prétendu droit divin, soit sous tout autre prétexte.

Il affirme, comme première conséquence nécessaire, que la société a le droit absolu, imprescriptible et inaliénable de créer, de modifier, de changer ses institutions gouvernementales, à tel moment qu'il lui plaît, et de la manière qui lui paraît la plus propre à assurer la réalisation de ses aspirations politiques et sociales.

Il affirme, comme deuxième conséquence nécessaire, que la société, — autant que l'application et la praticabilité pourront le permettre, — doit devenir *autologue,* c'est-à-dire qu'elle doit pouvoir parler, par sa propre initiative et non pas seulement par l'initiative de son gouvernement, à tout instant, et non pas seulement quand il convient à son gouvernement de la consulter, sur toute question et non pas seulement sur les questions qu'il plaît à son gouvernement de lui poser.

Il affirme, comme troisième conséquence nécessaire, qu'aucune majorité du moment ne peut limiter ou aliéner les droits des majorités de l'avenir, c'est-à-dire limiter ou aliéner la souveraineté sociale, en faisant ou en acceptant une constitution gouvernementale où le pouvoir public serait conféré à temps, à vie, avec hérédité, soit à un individu, soit à une famille, soit à une classe particulière de la société, soit à une combinaison de ces éléments politiques, à titre définitif et irrévocable.

Il affirme, comme quatrième conséquence nécessaire, que toute majorité du moment peut faire ou accepter une constitution gouvernementale où le pouvoir public serait conféré à temps, à vie, avec hérédité, soit à un individu, soit à une famille, soit à une classe particulière de la société, soit à une combinaison de ces éléments politiques, mais en réservant d'une manière expresse, dans le texte de la Constitution, le droit de toute nouvelle majorité de modifier ou de changer cette Constitution à tout moment qu'elle jugera convenable.

Il affirme comme cinquième conséquence nécessaire, qu'un gouvernement est légitime et a droit à la soumission de tous, quelle que soit d'ailleurs la constitution de son personnel, si la société souveraine et autologue l'a créé par un acte positif et le conserve par un consentement tacite.

Il affirme, comme sixième conséquence nécessaire, qu'un gouvernement est tyrannique et mérite la guerre ouverte de tous, quelle que soit d'ailleurs la constitution de son personnel, s'il s'est élevé par un acte de violence et se maintient par une violence patente ou déguisée; en d'autres termes, si son origine et son existence sont une violation de la souveraineté sociale.

Il affirme comme septième conséquence nécessaire, qu'un gouvernement est équivoque et peut être aussi bien défendu qu'attaqué, suivant l'intérêt des partis, si, quoique ayant été établi par un acte de la souveraineté sociale, la souveraineté sociale n'a actuellement aucun moyen légal de manifester son opinion et son vouloir au sujet des actes et de l'existence de ce gouvernement. Sous les gouvernements de cette nature, chacun fait parler la nation suivant ses idées et ses passions, et les conflits entre les gouvernants et les opposants se dénouent tôt ou tard par une révolution. On ne peut s'affranchir des gouvernements équivoques que par l'autologie sociale.

Il affirme comme huitième conséquence nécessaire, que sous le régime effectif de la souveraineté sociale, toutes les formes de gouvernement, y compris celle où le pouvoir est conféré avec hérédité à un individu, sous le nom impropre de monarchie, sont républicaines et démocratiques ; que les controverses auxquelles se livrent certains publicistes et certains partis pour savoir si le suffrage universel a ou n'a pas le droit de conférer héréditairement le pouvoir gouvernemental n'ont aucune raison d'être ; que vouloir limiter la puissance du suffrage universel à ce sujet, c'est infirmer, par un illogisme flagrant, le principe de la souveraineté sociale. La véritable monarchie, celle qui par opposition à *respublica* signifie *respropria,* et qui par opposition à *démocratie* signifie *autocratie,* n'existe qu'avec le principe du droit divin et finit avec ce principe. La souveraineté sociale admise, on ne saurait trouver ni une distinction de principe, ni une ligne de démarcation entre ce qu'on appelle monarchie et ce qu'on appelle république ; il n'y a que des organisations diverses et plus ou moins sensées du personnel gouvernemental. Le principe du droit divin exclu, toute monarchie constitutionnellement irrévocable et mise au-dessus de la souveraineté sociale est une négation pratique de cette même souveraineté, une absurdité politique.

Il affirme comme neuvième conséquence nécessaire, qu'il ne peut y avoir complète et sincère application du principe de la souveraineté sociale qu'à la condition qu'il y ait *autologie sociale,* c'est-à-dire que la société soit douée de l'organe du verbe et puisse parler par soi et pour soi d'une manière permanente.

Il affirme comme dixième conséquence nécessaire, que toutes les constitutions, toutes les institutions et toutes les lois peuvent être discutées et critiquées dans les réunions publiques et par la voie de la presse, dans le but de provoquer leur modification ou leur changement.

TITRE III.

Organisation de l'autologie sociale.

ART. 3. — La société politique se compose exclusivement du corps électoral. Le corps électoral est le souverain social.

ART. 4. — Les mutations du corps électoral sont constam-

ment tenues au courant d'office, par les soins de l'administra-
tion municipale, conformément aux droits des citoyens, déterminés par la loi.

Art. 5. — Le corps électoral, qui est le souverain social, a
deux rôles politiques : un rôle politique ordinaire et un rôle
politique éventuel. Son rôle politique ordinaire consiste à nommer, aux époques constitutionnellement déterminées, les membres du personnel gouvernemental soumis à une élection pério-
dique ; son rôle politique éventuel consiste à se prononcer sur
toute question qui lui serait éventuellement soumise par voie
d'initiative gouvernementale ou par voie d'initiative publique.

Art. 6. — Tout membre du corps électoral a le droit de soumettre une proposition quelconque à la décision du suffrage
universel en payant, pour frais divers de l'opération du vote, une
somme s'élevant à autant de fois dix francs qu'il y a de communes appelées à voter.

Art. 7. — La proposition est remise au ministre de l'intérieur.
Elle est accompagnée du récépissé constatant que la somme
exigée pour frais divers de l'opération du vote a été versée dans
les caisses du Trésor. Cette somme est acquise au Trésor dès
qu'elle y est versée, quel que soit le sort ultérieur de la proposition. Le ministre des finances la fait distribuer aux communes.

Art. 8. — Le ministre de l'intérieur fait insérer la proposition dans le journal officiel dans les huit premiers jours qui sui-
vent sa remise, et fixe l'opération du vote en France, en Corse
et en Algérie au premier dimanche qui arrive après le délai de
trente jours, comptés du jour de la remise de la proposition.

Art. 9. — En raison de leur éloignement, les colonies océani-
ques ne sont pas consultées sur les propositions d'initiative
publique.

Art. 10. — La décision du souverain social devient obligatoire pour le Gouvernement dès que le résultat du vote lui est
parvenu.

Art. 11. — La proposition ne peut subir aucune modification
après la remise au ministre de l'intérieur. Son auteur ne peut
que formuler une autre proposition, qui donnera lieu de nouveau au paiement des frais du vote et à toutes les formalités
indiquées aux articles 6, 7, 8.

Art. 12. — Toutes les propositions d'initiative publique sont
formulées de manière à ce que le corps électoral n'ait à répondre que par oui ou par non.

Art. 13. — Si une proposition d'initiative publique votée est trop générale et exige des lois organiques pour être appliquée, le Gouvernement fait ces lois organiques d'urgence et de la manière qui lui paraît le mieux répondre au sens de la proposition.

ART. 14. — Une proposition d'initiative publique n'est votée qu'à la majorité absolue des électeurs inscrits sur les listes électorales de la France, de la Corse et de l'Algérie.

TITRE IV.

Organisation de la forme du Gouvernement.

ART. 15. — En tout temps et en toute circonstance, le pouvoir gouvernemental existant peut proposer un changement complet ou une modification partielle de la constitution gouvernementale.

ART. 16. — Tout projet de changement ou de modification à la Constitution doit être soumis à l'approbation du corps électoral, et ne devient loi constitutionnelle qu'après son acceptation par le souverain social.

ART. 17. — Toute question soumise au corps électoral par le Gouvernement est votée à la majorité absolue des votants. La question est posée de manière que le corps électoral n'ait à répondre que par oui ou par non.

ART. 18. — Le personnel gouvernemental se compose :

1° D'une Chambre de représentants;

2° D'un Président de la République, assisté d'un conseil de ministres.

ART. 19. — La Chambre des représentants est nommée au suffrage universel. Elle est renouvelée par tiers tous les deux ans.

ART. 20. — Le Président de la République est nommé par l'ensemble des Conseils généraux. Chaque Conseil général est considéré comme ayant une voix. Est nommé Président de la République le citoyen qui obtient le plus de voix, et, à égalité de voix, le plus âgé.

ART. 21. — Chaque conseiller général peut porter trois noms sur son bulletin de vote. Après le dépouillement du scrutin, chaque Conseil général envoie au président de la Chambre des représentants une liste portant les six noms qui ont obtenu le plus de suffrages. Ces six noms sont classés dans l'ordre des suffrages obtenus.

ART. 22. — La Chambre des représentants proclame Président de la République le citoyen qui a obtenu la majorité des voix des Conseils généraux, et vice-président de la République le citoyen qui a obtenu le plus de voix après le premier.

Art. 23. — Le vice-président de la République est appelé à remplacer le Président de la République venant à manquer soit par décès, soit par démission, soit par sa mise en jugement.

Art. 24. — Le Président de la République et le vice-président de la République sont nommés pour trois ans. Ils sont indéfiniment rééligibles.

Art. 25. — Le Président de la République nomme et révoque les ministres. Le conseil des ministres nomme et révoque les ambassadeurs et tous les hauts fonctionnaires amovibles. En cas de partage des voix, la voix du Président de la République est prépondérante.

Art. 26. — La Chambre des représentants et le Président de la République ont respectivement l'initiative des projets de loi. Toute loi doit être votée par la Chambre des représentants.

Art. 27. — Le Président la République a le droit de *veto suspensif* pour tous les projets de lois et toutes les résolutions votés par la Chambre contre l'avis du conseil des ministres. Le veto est levé ou maintenu par un vote de l'ensemble des conseils généraux. Ceux-ci sont convoqués dans le délai d'un mois pour trancher le conflit, et votent sans discussion. La Chambre peut retirer le projet de loi ou la résolution qui a fait l'objet du veto ; dans ce cas le conflit n'est pas soumis aux conseils généraux.

Art. 28. — Les relations du Président de la République avec la Chambre ont lieu : 1° par des messages, 2° par l'intermédiaire des ministres, 3° par des communications personnelles et verbales faites par le Président de la République à la tribune de la Chambre.

Art. 29. — Le Président de la République a droit d'assister à toute séance de la Chambre, et de prendre part à tout débat. La Chambre n'a pas le droit d'inviter le Président de la République à assister à une de ses séances, et à lui donner personnellement des explications sur n'importe quel sujet ; elle a seulement le droit d'exiger la présence et les explications des ministres.

Art. 30. — Le Président de la République et les ministres sont responsables des actes qui portent leur signature. Pour les délits et les crimes politiques et administratifs, ils sont mis en accusation par la Chambre des représentants et jugés par une haute-cour ; pour les délits et les crimes de droit commun, ils sont assimilés aux représentants quant à l'autorisation des poursuites, et ils sont jugés par les tribunaux ordinaires.

ART. 31. — La mise en accusation pour crimes et délits politiques ou administratifs et l'autorisation des poursuites pour crimes de droit commun, ont pour effet de supendre les inculpés de leurs fonctions. S'il s'agit du Président de la République, il est remplacé par le vice-président de la République. Il reprend ses fonctions en cas d'acquittement; il est destitué de droit en cas de condamnation.

ART. 32. — En cas de dispersion ou de dissolution illégale de la Chambre des représentants, chaque conseil général devient de droit un pouvoir exécutif départemental. Toutes les autorités civiles et militaires du département passent sous ses ordres et lui doivent obéissance sous peine de forfaiture.

Chaque Conseil général délègue deux de ses membres pour former une Assemblée nationale provisoire. L'Assemblée nationale provisoire est investie de toute l'autorité du gouvernement central pour combattre et vaincre l'usurpation. La mission exceptionnelle des Conseils généraux et de l'Assemblée nationale provisoire cesse du jour où l'usurpation est vaincue, et où l'ancienne Chambre des représentants de nouveau convoquée, a pris possession du local de ses séances.

Examen des conséquences pratiques du régime de l'autologie sociale.

Sous le régime de l'autologie sociale, le Gouvernement, quelle que soit sa forme, conserve et exerce, dans leur intégrité, toutes les attributions législatives et exécutives. En pratique, il ne saurait y avoir gouvernement direct du peuple par le peuple.

L'autologie sociale n'est pas destinée à gouverner, mais à préserver la société contre toute explosion révolutionnaire; elle jouera dans les conflits des opinions politiques et sociales, le rôle que joue la soupape de sûreté dans une machine à vapeur; elle fonctionnera aux hautes pressions de l'opinion publique, comme la soupape de sûreté fonctionne aux hautes pressions de la vapeur; elle détendra les situations politiques par une voie constitutionnelle avant qu'elles se résolvent par des explosions violentes et désastreuses; elle fermera l'ère des révolutions.

En effet : soit le cas d'un gouvernement qui méconnaît l'opinion de la majorité du corps électoral ou qui lui résiste ouvertement au sujet de telle ou telle réforme, de tel ou tel progrès, de telle ou telle conduite politique ; le corps électoral émet et vote une proposition d'initiative publique qui devient immédiatement un ordre obligatoire pour le Gouvernement.

Soit, en sens inverse, le cas d'une minorité ambitieuse, attaquant systématiquement le Gouvernement sans raison légitime, et cherchant à le renverser dans le but de se mettre en son lieu et place ; le Gouvernement trouve dans l'autologie sociale un rempart inexpugnable. Il répond à la minorité ambitieuse : Mon existence et ma conduite sont conformes à la volonté de la majorité du corps électoral, puisque pouvant à tout instant détruire l'une et condamner l'autre, elle ne le fait pas. De plus, la minorité ambitieuse ne pourrait déguiser une attaque violente sans aucune équivoque ; l'attaque violente serait un attentat évident et injustifiable contre la souveraineté sociale, et ses auteurs se trouveraient à la fois sous le coup de la réprobation publique et sous le coup des peines édictées par les lois.

La disposition de l'article 6, qui exige de l'auteur d'une proposition d'initiative publique le versement au Trésor d'une somme s'élevant à autant de fois 10 fr. qu'il y a de communes appelées à voter, n'a pas un but fiscal : elle a pour but d'interdire l'accès du suffrage universel à des propositions purement personnelles ou manquant d'un appui suffisant dans l'opinion publique. Sans cette disposition, toute personnalité vaniteuse ou excentrique, et tout cercle politique représentant une opinion insignifiante, pourraient mettre le corps électoral en mouvement suivant leur fantaisie. La somme exigée ne sera jamais un obstacle à la présentation d'une proposition exprimant une opinion partagée par la majorité du corps électoral, parce que dans ce cas elle sera facilement recueillie par une souscription ; mais elle deviendra une barrière contre les propositions peu appuyées par l'opinion publique. Sans doute, bien des partis, bien des ligues pourront fournir la somme exigée, et porter devant le suffrage universel des propositions n'ayant pas l'adhésion de la majorité du corps électoral. Dans ce cas, il y aura rejet des propositions ; mais le résultat du vote n'en sera pas moins instructif et utile pour le Gouvernement. Il lui indiquera le degré de pression de l'opinion publique avec la même précision que le manomètre indique la pression de la vapeur. D'ailleurs, la somme exigée est assez forte pour détourner n'importe quel parti de tentatives électorales où il ne se croirait pas à peu près sûr d'avoir la majorité ; elle est d'environ 360,000 fr.

La disposition de l'article 14, qui exige la majorité absolue des électeurs inscrits en France, en Corse et en Algérie, pour qu'une proposition d'initiative publique soit votée, a pour but de mettre l'existence et l'action du Gouvernement au-dessus des atteintes des partis et de ne les soumettre qu'aux décisions de la majorité du corps électoral. Si l'on considère le nombre d'électeurs, qui, dans toutes les élections, ne prennent pas part au vote, par impuissance ou par indifférence, on conviendra que ce but est plus que rempli, et que la stabilité du pouvoir gouvernemental reste assurée sous le régime de l'autologie sociale. De plus, cette disposition permet aux membres du corps électoral, qui n'adhèrent pas à la proposition, de s'abstenir de voter et de vaquer à leurs affaires, parce que dans ce cas l'abstention équivaut à un vote négatif.

Mais, dira-t-on, il y a lieu de craindre que l'autologie sociale ne soit une cause permanente d'agitation politique.

Si par agitation politique on entend l'activité intellectuelle et morale du corps électoral, se manifestant par des discussions et des controverses sur toutes les questions d'intérêt général, et se résolvant légalement et pacifiquement par des propositions d'initiative publique, à défaut d'une solution d'initiative gouvernementale, cette agitation, loin d'être un mal, est un bien ; c'est la vie même de la société et la condition de tous ses progrès. Les peuples qui manquent de cette agitation végètent ou se dégradent.

Si, au contraire, par agitation politique on entend les menées de certaines minorités qui, ne pouvant arriver au pouvoir gouvernemental par le suffrage universel, cherchent à s'en emparer par surprise ou par violence, rien ne protégera mieux le Gouvernement et la société contre ces menées que l'autologie sociale. D'un côté elle ne permet pas aux minorités qui voudraient usurper le pouvoir de se couvrir d'équivoques et de prétexter qu'elles représentent la volonté générale ; d'un autre côté, elle permet au corps électoral de faire acte de souveraineté par sa propre initiative et de détruire immédiatement un gouvernement usurpateur.

Il faut ajouter, comme dernière considération, que si le Gouvernement est assez moral pour mériter l'estime du corps électoral, assez intelligent pour le devancer dans tous les progrès, au lieu de se laisser devancer par lui, assez sensé pour l'éclairer quand il s'égare au lieu de chercher à le dominer arbitrairement, il n'aura jamais ni agitation politique ni propositions d'initiative publique à redouter.

Considérations générales sur l'organisation de la forme du Gouvernement.

Pourquoi une seule Chambre au lieu de deux Chambres?

1° Le système des deux Chambres a sa raison d'être dans les pays où il y a deux éléments distincts, deux castes à représenter au gouvernement, la caste noble et la caste bourgeoise. Il n'a plus de raison d'être dans les pays où les castes ont disparu pour faire place à un ensemble de citoyens absolument égaux en droits, quelles que puissent être d'ailleurs leurs capacités et leurs fortunes respectives. La France n'a plus de castes, et il n'y a pas lieu de conserver la forme d'un état de choses dont le fond n'existe plus.

2° Le système des deux Chambres est plus coûteux que celui d'une seule Chambre, et la France n'est pas dans ce moment dans une situation financière qui lui permette de faire des dépenses inutiles.

3° Le système des deux Chambres affaiblit la capacité législative de l'organisme gouvernemental. En effet, la Chambre haute absorberait la meilleure partie des capacités du pays, parce que sous le régime républicain, le seul titre qui puisse faire arriver à cette Chambre, comme à celle des représentants, est la capacité personnelle; on ne peut plus y arriver par la preuve ou la promesse d'un dévouement à qui que ce soit ou à quoi que ce soit. La Chambre des représentants qui, conjointement avec le pouvoir exécutif, propose et élabore les lois, se trouverait intellectuellement affaiblie de toutes les capacités absorbées par la Chambre haute; la valeur de ses discussions et la sagesse de ses résolutions s'en ressentiraient dans la même mesure. Il s'en suivrait que souvent ses projets de lois succomberaient à la discussion de la Chambre haute et seraient rejetés par cette Chambre. De là des tiraillements, des lenteurs et des difficultés dans l'action législative de l'organisme gouvernemental.

On dit que la Chambre haute serait un pouvoir pondérateur. Pondérateur de quoi?

Avec le système d'une seule Chambre, toutes les capacités du pays se trouvent réunies en un même faisceau et concentrées au même foyer. Dès lors les discussions sont nécessairement plus éclairées et les décisions législatives plus sages. La méthode des trois lectures d'un projet de loi à des intervalles déterminés est une garantie suffisante contre les décisions précipitées ou *ab irrato* auxquelles pourrait se laisser entraîner une Chambre.

4° Le système des deux Chambres permet des rivalités et des conflits entre l'une et l'autre Chambre; on les évite par le système d'une seule Chambre.

En résumé, le système des deux Chambres est un mécanisme gouvernemental plus coûteux, plus compliqué, et donnant moins d'effet utile que le système d'une seule Chambre.

Pourquoi faire nommer le Président de la République par les Conseils généraux, au lieu de le faire nommer par le suffrage universel?

Parce que le Président de la République doit être l'homme le plus capable et le plus sage du pays, et que les Conseils généraux sont plus aptes que le suffrage universel à distinguer et à apprécier cet homme.

Pourquoi accorder le droit de *veto suspensif* au Président de la République au sujet des projets de loi et des résolutions votés par la Chambre des représentants contre l'avis du conseil des ministres, et pourquoi faire juger le conflit par les Conseils généraux?

Les projets de lois et les résolutions où la Chambre et le conseil des ministres sont d'accord, offrent beaucoup de garanties de sagesse; ceux où ils ne sont pas d'accord en offrent moins, et, dans ce dernier cas, il y a utilité à ce que les Conseils généraux, organes éclairés et importants de la société, soient appelés à se prononcer sur le conflit. D'ailleurs le veto suspensif aura généralement pour effet de porter les deux organes gouvernementaux à se faire de mutuelles concessions, afin d'éviter l'appel aux Conseils généraux.

Pourquoi donner au Président de la République le droit d'assister à toute séance de la Chambre et de prendre part à tout débat?

Parce que ses ministres peuvent être moins capables que lui de soutenir la discussion sur certaines questions importantes, et qu'il y a tout avantage et nul inconvénient à ce qu'il vienne, quand il le juge convenable, éclairer la Chambre de ses lumières. Un vote de la Chambre contraire à son avis n'affecte en aucune manière sa position de Président de la République. Il accepte, en fait, ce vote, ou il y appose son veto suspensif pris en Conseil des ministres. Si les ministres ne sont pas de son avis au sujet du veto, il peut les changer.

L'exclusion du chef du Pouvoir exécutif des débats parlementaires est un formalisme indispensable dans les monarchies constitutionnelles pour sauvegarder la responsabilité et la dignité du roi, mais il n'a aucune raison d'être dans une république.

Si la forme de gouvernement ci-dessus exposée ne paraissait pas convenir dans son ensemble, on peut en adopter une autre : le principe de la souveraineté sociale les admet toutes, et elles peuvent toutes coexister et fonctionner avec le régime de l'autologie sociale.

Considérations générales sur le choix du personnel gouvernemental que les circonstances actuelles conseillent à la France.

La France traverse en ce moment la plus grande crise où elle se soit jamais trouvée. Toute commotion ne ferait qu'empirer sa situation déjà si critique. Elle a absolument besoin de paix à l'extérieur et de calme à l'intérieur, pour sortir le plus heureusement possible des difficultés financières où l'ont jetée ses désastres récents. Le personnel gouvernemental qui répond le mieux aux exigences de cette situation exceptionnelle et anormale est, sans contredit, celui qui existe actuellement. Il a su inspirer de la confiance à l'extérieur; il a rétabli et maintient l'ordre à l'intérieur; il connaît mieux que tout autre, par l'étude même qu'il a dû en faire, les meilleurs moyens à employer pour répondre ponctuellement aux engagements financiers que la France a contractés. L'intérêt général du pays et l'intérêt privé du personnel gouvernemental existant sont d'accord, en cette circonstance, pour autoriser ce personnel (Assemblée et Président de la République) à se déclarer personnel gouvernemental constitutionnel et définitif. Pour cela faire, il n'a qu'à adopter ce projet de Constitution, en y apportant telles modifications et en y ajoutant telles dispositions accessoires qu'il jugera convenables, et à fixer la date de la nouvelle élection présidentielle et la date du premier renouvellement par tiers de l'Assemblée.

Il ne violerait aucune Constitution, par la raison qu'aucuue Constitution n'existe en ce moment.

La souveraineté sociale n'étant aliénée au profit d'aucun parti, chaque parti pourra attendre d'un arrêt prochain de cette souveraineté le triomphe de ses idées ou la satisfaction de ses ambitions.

Les intérêts industriels et commerciaux ont besoin de voir cesser les incertitudes du provisoire politique.

Si l'Assemblée actuelle, en raison des partis qui la divisent, se trouvait impuissante à doter la France d'institutions gouvernementales régulières et définitives, il y aurait urgence à ce qu'elle se retirât immédiatement, afin de permettre à la France de confier à une autre Assemblée cette mission importante.

Il ne paraîtrait ni logique ni convenable que cette Assemblée se reconnût incapable de fonder un gouvernement définitif, et se prévalût néanmoins du mandat indéterminé et de confiance qui lui a été donné dans un cas de force majeure, pour se maintenir indéfiniment au pouvoir.

Une telle conduite permettrait de supposer que la majorité de ses membres n'est pas uniquement préoccupée des intérêts de la France.

Paris. — Imp. Balitout, Questroy et Cᵉ, rue Baillif, 7.

PARIS

IMPRIMERIE BALITOUT, QUESTROY ET Ce
7 rue Baillif, et rue de Valois, 18.